Jutta Schütz wurde in Lebach (Saarland) geboren.

Mit ihrem ersten Bestseller "Plötzlich Diabetes" (2008) gilt die Autorin bei Kritikern als Querdenkerin. 2010 startete sie mit ihren Gesundheitsbüchern ihr Pilotprojekt in Bruchsal und später bei der VHS in Wolfsburg. Schütz schreibt Bücher, die anspornen, motivieren und spezielles Insiderwissen liefern. Sie hat bis heute über 75 Bücher geschrieben und an vielen anderen Büchern mitgewirkt. Zudem hilft sie als Mentorin und Coach vielen Neuautoren bei der Veröffentlichung ihrer Bücher. Als Journalistin schreibt sie für viele Verlage und Zeitungen. Ihre Themen sind: Gesundheit, Psychologie, Kunst, Literatur, Musik, Film, Bühne, Entertainment. Weitere Informationen zur Autorin und ihren Büchern findet man in den Verlagen, auf ihrer Webseite - sowie im Kultur-Netzwerk. Mehr Infos finden Sie auf der Webseite:

www.jutta-schuetz-autorin.de
www.die-gruppe-48.net/Funktionstraeger

Inhaltsangabe

Jutta Schütz

LOW CARB Smoothies

© **2017 Autor: Jutta Schütz (1. Auflage)**
© 2017 Buchsatz, Layout, Buchgestaltung
© 2017 Buchidee: Jutta Schütz
www.jutta-schuetz-autorin.de
E-Mail: info.jschuetz@googlemail.com
©2017 *Fotos (Seite 1): pixabay "evitaochel", "xxolgaxx", "skeeze", "Sabi-neThe", Buchcoverbild: "silviarita" CCO*

© **2017 Herstellung und Verlag:**
BoD – Books on Demand, Norderstedt

ISBN: 9783744823043

Bibliografische Information der Deutschen Nationalbibliothek:
Die Deutsche Nationalbibliothek verzeichnet diese Publikation in der Deutschen Nationalbibliografie; detaillierte bibliografische Daten sind im Internet über http://dnb.d-nb.de abrufbar.

Die im Buch veröffentlichten Ratschläge wurden von mir sorgfältig geprüft. Eine Garantie kann ich dennoch nicht übernehmen. Ebenso ist die Haftung von mir bzw. des Verlages für Personen-, Sach- und Vermögensschäden ausgeschlossen. Alle Markennamen, Warenzeichen und sonstigen eingetragenen Trademarks sind Eigentum ihrer rechtmäßigen Eigentümer und dienen hier nur der Beschreibung.

MIX
Papier aus verantwortungsvollen Quellen
Paper from responsible sources
FSC
www.fsc.org
FSC® C105338

Was sind Smoothies?

Smoothies liegen im Trend – doch was sind Smoothies überhaupt?

Und, sind sie überhaupt gesund?

Ein Smoothie ist nichts anderes als ein Getränk bei dem verschiedene Früchte und Gemüse verarbeitet werden. Das Getränk besteht immer aus Wasser, Früchten und/oder Blattgemüse.

Das Spektrum an Zutaten ist sehr groß.

Im Gegensatz zum Fruchtsaft wird das Fruchtfleisch nicht herausgefiltert.

Auch wenn sie teilweise nicht besonders appetitlich aussehen, so sind zum Beispiel die grünen Smoothies kleine Vitaminbomben und können eine ganze Mahlzeit ersetzen.

Das Mixen bricht die Zellwände von Obst und Gemüse auf. So spart sich der Körper die anstrengende Verdauungsarbeit und kann die wertvollen Stoffe besonders gut aufnehmen

Bei der Ernährungsform "Low Carb" empfiehlt es sich, auf Süßstoffe wie Stevia oder Xylit zurückzugreifen, da sie im Vergleich zu Zucker weniger Kohlenhydrate enthalten.

Dadurch, dass Smoothies den Stoffwechsel anregen, eignen sie sich hervorragend auch zum Abnehmen.

Die Smoothies haben ihren Ursprung in Amerika. Dort tauchten sie etwa 1920 zum ersten Mal in einer Saft Bar auf.

Sie sind sehr praktisch, da man sie überall mit hinnehmen kann. So hat man auf der Arbeit, oder unterwegs immer die kleine Portion Obst/Gemüse dabei. Außerdem sind sie schnell und unkompliziert herzustellen.

Smoothies sind einfach gesunde Alleskönner zum Sattwerden!

Das Buch ist für Anfänger geeignet.

Alle Rezepte sind für 2 bis 3 Personen.

Welchen Mixer sollte man nehmen?

Die Leistung spielt beim Smoothie-Mixer eine ganz wichtige Rolle. Wichtig sind die Watt-Angaben und die Umdrehungszahlen pro Minute.

Man benötigt einen Mixer mit einer hohen Motorleistung und hohen Drehzahlen. Nur so können beim Mixen von Smoothies die faserreichen Zutaten gut zerkleinert werden.

Für die Leistungsfähigkeit ist auch die Drehzahl wichtig. Die vom Hersteller angegebenen Werte sind oft unterschiedlich. Konkret heißt das, dass viele Angaben lediglich theoretische Drehzahlen im Leerzustand beschreiben – das heißt ohne Gemüse, Früchte oder Blattgrün.

Die "Drehzahl unter Belastung" ist entscheidender sowie auch die maximal mögliche Laufzeit des Motors. Eigentlich dreht sich beim Mixer alles um die Kraft. Bei reinen Gemüse- oder Obst-Smoothies ist dies für gewöhnliche Standmixer keine große Herausforderung. Der Mixer wird nur herausgefordert bei grünen Smoothies, wenn das Ziel "das Aufbrechen der Zellulosewände der Pflanzenzellen" ist.

In diesen Zellen befinden sich die höchsten Vitalstoffkonzentrationen.

Die Mehrheit im Netz gibt an, dass ab einer Geschwindigkeit von zirka 25.000 Umdrehungen pro Minute ein gutes Ergebnis erzielt wird.

Man sollte sich nicht vom Marketing der Hersteller verunsichern lassen, schließlich ernährt sich die Menschheit schon sehr lange von Pflanzen und kam dabei auch ohne 25.000 Umdrehungen im Mund aus.

Auch das Messer eines Mixers ist wichtig. Die Qualität und Beschaffenheit ist wichtig!

Und auch noch wichtig ist, dass sich Mixer und Mix-Behälter leicht reinigen lassen und weder Geschmack noch die Farbe der Lebensmittel annehmen.

Der richtige Smoothie-Mixer sollte ein Hochleistungsmixer sein. Wer aber keine 200 – 500 Euro ausgeben möchte, sollte die Zutaten einfach besonders klein schneiden und länger mixen. Je länger gemixt wird, desto besser schmeckt der Smoothie

Grüne Smoothies

Rucola und Löwenzahnblätter-Smoothie

❖ *Zutaten:*

10 Blätter Rucola

10 Löwenzahnblätter (oder Feldsalat)

1 kleine Salatgurke

1 kleine Tasse Wasser

½ Banane

1 EL Zitronensaft

1 – 2 TL Streusüße

❖ *Zubereitung:*

Salatgurke gut waschen und mit der Schale in kleine Stücke schneiden. Banane in kleine Stücke schneiden. Löwenzahnsalat und Rucola waschen und alles zusammen in den Mixer geben.

Wasser, Zitronensaft und Streusüße dazu geben und kräftig mixen.

Spinat-Smoothie

Siehe Foto auf Seite 1

❖ Zutaten:

400 g frischer Blattspinat

1 kleine Banane

200 ml frisch gepressten Orangensaft

300 ml Wasser

3 EL gemahlene Mandeln

❖ Zubereitung:

Banane schälen und klein würfeln. Den Spinat waschen und klein schneiden.

Die Banane, den Spinat und alle anderen Zutaten in den Mixer geben und pürieren.

Radieschen- Blattspinat- Kiwi-Smoothie

❖ *Zutaten:*

3 reife Kiwis

1 Apfel

2 Hand voll Blattspinat

1 Bund Radieschen (zirka 200 g)

Saft einer süßen Orange

2 EL Zitronensaft

300 ml Wasser

1 Tasse Eiswürfel

❖ *Zubereitung:*

Eine Orange auspressen.

Den Apfel waschen und schälen, vom Kerngehäuse befreien und in kleine Würfel schneiden.

Kiwis schälen und in Stücke schneiden. Blattspinat waschen und klein hacken. Radieschen (nur die frischen, knackigen Radieschen verwenden) waschen und klein würfeln und mit den restlichen Zutaten in den Mixer geben (ohne Eiswürfel).

In hohe Gläser füllen und mit den Eiswürfeln servieren.

Spinat- Erdbeere- Avocado-Smoothie

❖ *Zutaten:*

2 Hand voll Spinatblätter

200 g gefrorene Erdbeeren

1 reife Avocado

2 EL Kakaopulver (ohne Zucker)

1 EL Streusüße

1 Vanilleschote

1 EL geriebene dunkle Schokolade (75%)

❖ *Zubereitung:*

Den Spinat waschen und grob hacken.

Die Avocado waschen und die Frucht längs rundum mit einem Messer einschneiden.

Beide Avocado-Hälften gegeneinanderdrücken und drehen, sodass sich eine Hälfte vom Samen ablöst. Den Samen vorsichtig mithilfe eines Messers herauslösen. Das Fruchtfleisch in den Mixer geben.

Alle Zutaten (NICHT die dunkle Schoko) in den Mixer geben und gut durchmixen.

In hohe Gläser füllen und mit der dunklen Schokolade bestreuen.

Spinat- Mango- Apfel-Smoothie

❖ *Zutaten:*

1 Mango

1 Apfel

2 Hand voll Spinatblätter

1 kleine Salatgurke

1 EL Zitronensaft

250 ml Wasser

1 Tasse Eiswürfel

❖ *Zubereitung:*

Die Mango waschen und mit einem Sparschäler (oder Messer) schälen. Sie besitzen einen relativ großen Kern, von dem sich das Fruchtfleisch nicht gut lösen lässt. Zuerst die Mango nach dem Schälen der Länge nach aufschneiden (links und rechts ganz nah am Kern entlang schneiden). So erhalten Sie zwei große Fruchtstücke, die Sie in kleine Würfel schneiden. Apfel waschen, schälen, Kerngehäuse entfernen und in kleine Stücke schneiden. Salatgurke waschen und mit der Schale in kleine Stücke schneiden.

Spinat waschen, grob hacken und alle Zutaten (ohne Eiswürfel) in den Mixer geben. Serviert wird in hohen Gläsern mit Eiswürfeln.

Spinat- Zitronen-Smoothie

❖ *Zutaten:*

1 Avocado

3 Hand voll frischen Spinat

3 EL frische Petersilie

250 g gefrorene Beeren

(egal welche Beeren Sie nehmen)

Saft von 2 Zitronen

2 – 3 EL Streusüße

250 ml Wasser

1 Tasse Eiswürfel

❖ *Zubereitung:*

Avocado zubereiten wie: siehe Seite 12.

Spinat waschen und grob zerkleinern. Zitronen auspressen und alle Zutaten (ohne Eiswürfel) in den Mixer geben. In hohen Gläsern mit Eiswürfeln servieren.

Petersilien- Kiwi-Smoothie

❖ *Zutaten:*

2 Hand voll frische Petersilie

2 Kiwis

2 Hand voll frischer Spinat

10 Blätter frische Minze

(davon 3 Blätter für die Deko)

250 ml Wasser

1 Tasse Eiswürfel

❖ *Zubereitung:*

Petersilie waschen und grob hacken. Kiwis schälen und grob in Würfel schneiden. Spinat waschen und grob hacken. Alle Zutaten (ohne Eiswürfel) in den Mixer geben und gut durchmixen.

In hohe Gläser geben, und mit Eiswürfeln mischen und je ein Blatt Minze oben drauf setzen und servieren.

Joghurt- Spinat- Limette-Smoothie

❖ *Zutaten:*

250 g Naturjoghurt

Saft von 3 Limetten

10 Minze-Blätter (3 davon für die Deko)

2 Hand voll frischen Blattspinat

3 EL Streusüße

2 Prisen Salz

1 Tasse Eiswürfel

❖ *Zubereitung:*

Limetten ausdrücken und den Saft in den Mixer geben. Minze-Blätter waschen, Blattspinat waschen und mit den restlichen Zutaten (ohne Eiswürfel) in den Mixer geben. Alles gut durchmixen, in hohe Gläser geben und jedes Glas mit einem Blatt Minze und Eiswürfeln servieren.

Zwetschgen- Spinat-Smoothie

❖ *Zutaten:*

10 Zwetschgen

1 Banane

2 Hand voll frischen Spinat

2 TL Kakaopulver (zuckerfrei)

2 EL Zitronensaft

2 EL Streusüße

300 ml Wasser

1 Tasse Eiswürfel

❖ *Zubereitung:*

Banane schälen und in Stücke schneiden. Zwetschgen waschen und entkernen und in kleine Stücke schneiden. Spinat waschen und grob hacken. Alle Zutaten (ohne Eiswürfel) in den Mixer geben und gut durchmixen. In hohe Gläser füllen und mit Eiswürfeln servieren.

Datteln- Spinat-Smoothie

❖ *Zutaten:*

8 getrocknete Datteln

3 Hand voll Spinat

Saft einer Orange

250 g Naturjoghurt

2 EL Streusüße

250 ml Wasser

❖ *Zubereitung:*

Datteln entkernen und klein schneiden. Spinat waschen und grob hacken. Alle Zutaten in den Mixer geben und durchmixen. In hohen Gläsern servieren.

Mangold- Fenchel-Smoothie

❖ *Zutaten:*

½ Fenchel

8 Blätter Mangold

1 kleine Banane

4 Datteln

2 EL Zitronensaft

2 EL Streusüße

300 ml Wasser

❖ *Zubereitung:*

Fenchel und den Mangold waschen und grob hacken. Banane schälen und in kleine Stücke schneiden.
Alle Zutaten in den Mixer geben und gut durchmixen.

Spinat- Möhren-Smoothie

❖ *Zutaten:*

3 Hand voll frischen Blattspinat

2 kleine Möhren

1 Banane

300 ml Mandelmilch (ungesüßt)

2 EL Zitronensaft

2 EL Streusüße

250 ml Wasser

2 EL Leinöl

❖ *Zubereitung:*

Blattspinat waschen und grob hacken. Möhren waschen, schälen und in kleine Stücke schneiden. Banane schälen und in kleine Stücke schneiden. Alle Zutaten in den Mixer geben und durchmixen. In hohe Gläser füllen und servieren.

Gurke- Möhre- Spinat-Smoothie

❖ *Zutaten:*

1 Salatgurke

1 kleine Möhre

2 Hand voll frischen Spinat

2 Äpfel

2 EL gemahlene Mandeln

2 EL Zitronensaft

300 ml Wasser

2 EL Streusüße

❖ *Zubereitung:*

Salatgurke waschen und grob zerkleinern. Möhre waschen, schälen und grob zerkleinern. Spinat waschen und grob zerkleinern. Die Äpfel waschen, Kerngehäuse entfernen und grob zerkleinern. Alle Zutaten in den Mixer geben und gut durchmixen. In hohen Gläsern servieren.

Brokkoli- Buttermilch-Smoothie

❖ *Zutaten:*

1 Brokkoli

2 Hand voll frischen Blattspinat

1 kleine Banane

1 Apfel

300 ml Buttermilch

250 ml Wasser

2 EL Zitronensaft

2 EL Streusüße

❖ *Zubereitung:*

Brokkoli waschen und grob zerkleinern. Spinat waschen und grob zerkleinern. Banane schälen und grob zerkleinern. Apfel waschen, schälen und das Kerngehäuse entfernen, grob zerkleinern. Alle Zutaten in den Mixer geben und gut durchmixen. In hohen Gläsern servieren.

Kaki- Tomaten- Spinat- Orange-Smoothie

❖ *Zutaten:*

1 Kaki

200 ml Tomatensaft

2 Hand voll frischen Spinat

Saft von einer Orange

10 Blätter Minze (3 Blätter für die Deko

2 EL Zitronensaft

2 EL Streusüße

200 ml Wasser

1 Tasse Eiswürfel

❖ *Zubereitung:*

Die Kaki waschen und den Stielansatz entfernen und grob klein schneiden. Spinat waschen und grob hacken. Von einer Orange den Saft in den Mixer geben und alle Zutaten (Ohne Eiswürfel) dazu mischen. Gut durch mixen, in hohe Gläser füllen und mit Eiswürfel und je Glas einem Blatt Minze servieren.

Frucht-Smoothis

Melonen Smoothie

Siehe Foto auf Seite 1

❖ **Zutaten:**

3 Tassen gewürfelte Wassermelone (ohne Kerne)

100 g Himbeeren (frisch oder gefroren)

1 EL Zitronensaft

6 Minzeblättchen

3 Minzeblättchen für die Deko

Zirka 200 ml Wasser

1 Tasse Eiswürfel

❖ **Zubereitung:**

Die Wassermelone in kleine Stücke schneiden und mit den restlichen Zutaten (ohne Eiswürfel) in den Mixer geben.

In hohe Gläser füllen und ein paar Eiswürfel dazugeben.

Kiwi-Smoothie

Siehe Foto auf Seite 1

❖ **Zutaten:**

7 reife Kiwis

1 Apfel

Saft einer süßen Orange

2 EL Zitronensaft

300 ml Wasser

1 Tasse Eiswürfel

❖ **Zubereitung:**

Eine Orange auspressen.

Den Apfel waschen und schälen, vom Kerngehäuse befreien und in kleine Würfel schneiden. Kiwis schälen, in Stücke schneiden und mit den restlichen Zutaten in den Mixer geben (ohne Eiswürfel). In hohe Gläser füllen und mit den Eiswürfeln servieren.

Erdbeer-Smoothie

Siehe Foto auf Seite 1

❖ **Zutaten:**

500 g frische Erdbeeren

3 Erdbeeren für die Deko

Wenn sie gefrorene Erdbeeren verwenden, brauchen Sie keine Eiswürfel mehr zu nehmen!

1 kleine Banane

200 ml Orangensaft

1 EL Zitronensaft

200 ml Wasser

1 Tasse Eiswürfel

❖ **Zubereitung:**

Erdbeeren waschen und halbieren.

ODER: Die gefrorenen Erdbeeren einfach in den Mixer geben.

Banane schälen und in kleine Scheiben schneiden.

Alle Zutaten in den Mixer geben (ohne Eiswürfel) und in hohe Gläser geben. Eiswürfel hinzu geben.

Mit den Erdbeeren dekorieren.

Brombeer-Smoothie

❖ *Zutaten:*

400 g gefrorene Brombeeren

250 ml ungesüßte Kokosnussmilch

2 EL Vanille-Eiweißpulver

(zuckerfrei, kohlenhydratarm)

¼ TL gemahlener Zimt

1 EL Zitronensaft

1 Tasse Eiswürfel

❖ *Zubereitung:*

Alle Zutaten (ohne Eiswürfel) kommen gleichzeitig in den Mixer.

Mit Eiswürfeln servieren.

Himbeer- Erdnuss- Mandel-Smoothie

❖ *Zutaten:*

200 gefrorene Himbeeren

250 ml ungesüßte Kokosnussmilch

2 EL Erdnussbutter (ohne Zucker)

30 g Schokoladen Eiweißpulver

(zuckerfrei, kohlenhydratarm)

1 EL Kakaopulver (ohne Zucker)

2 EL Streusüße

2 Prisen Salz

❖ *Zubereitung:*

Alle Zutaten in den Mixer geben und gut durch-mixen.

Blaubeeren- Avocado-Smoothie

❖ *Zutaten:*

1 Tasse Blaubeeren

1 Avocado

1 kleine Banane

8 Walnüsse

2 EL Zitronensaft

250 ml Wasser

1 Tasse Eiswürfel

❖ *Zubereitung:*

Blaubeeren waschen, Banane schälen und in kleine Stücke schneiden, Walnüsse klein hacken und in den Mixer geben.

Die Avocado waschen und die Frucht längs rundum mit einem Messer einschneiden.

Beide Avocado-Hälften gegeneinanderdrücken und drehen, sodass sich eine Hälfte vom Samen ablöst. Den Samen vorsichtig mithilfe eines Messers herauslösen. Das Fruchtfleisch in den Mixer geben.

Alle Zutaten in den Mixer geben (ohne Eiswürfel) und in hohe Gläser füllen. Mit Eiswürfeln servieren.

Blaubeeren-Smoothie

❖ *Zutaten:*

300 g Blaubeeren

250 ml Kokosnussmilch

2 EL Zitronensaft

30 g Vanille-Eiweißpulver

(zuckerfrei, kohlenhydratarm)

1 Tasse Eiswürfel

❖ *Zubereitung:*

Blaubeeren waschen. Alle Zutaten in den Mixer geben (ohne Eiswürfel) und gut durchmixen. In hohe Gläser füllen und mit Eiswürfeln servieren.

Heidelbeeren- Joghurt-Smoothie

❖ *Zutaten:*

250 g Heidelbeeren

200 g Natur-Joghurt

15 g frischer Ingwer

2 EL Zitronensaft

2 EL Streusüße

1 Tasse Eiswürfel

❖ *Zubereitung:*

Heidelbeeren waschen, Ingwer waschen, schälen und in kleine Stücke schneiden. Alle Zutaten (ohne Eiswürfel) in den Mixer geben und gut durchmixen. In hohe Gläser geben und mit Eiswürfeln servieren.

Rhabarber- Erdbeeren-Smoothie

❖ *Zutaten:*

4 Stangen Rhabarber

1 kleine Banane

300 g gefrorene Erdbeeren

2 EL Zitronensaft

2 EL Streusüße

300 ml Wasser

❖ *Zubereitung:*

Zuerst Rhabarber schälen, dann weiterverarbeiten! Älterer und dicker Rhabarber besitzt eine faserige Haut. Zuerst die oben befindlichen Blätter entfernen, danach gründlich waschen. Das untere Ende abschneiden. Setze ein Küchenmesser am oberen Ende (wo die Blätter waren) an und ziehe die harten Fasern nach unten ab. Der Rhabarber wird auf diese Weise geschält, bis keine Fäden mehr daran hängen. Einen jungen Rhabarber muss man nicht schälen (er hat kaum Fasern). Den geschälten Rhabarber in kleine Stücke schneiden. Banane schälen und in Stücke schneiden. Alle Zutaten in den Mixer geben.

Serviert wird der Smoothie in hohen Gläsern mit Eiswürfeln.

Multivitamin- Leinsamen-Smoothie

❖ *Zutaten:*

3 Kiwis

1 kleine Banane

2 TL Leinsamenschrot

3 EL gemahlene Mandeln

500 ml ungesüßten Multivitaminsaft

1 EL Zitronensaft

1 Tasse Eiswürfel

❖ *Zubereitung:*

Kiwis und eine Banane schälen und in kleine Stücke schneiden. Alle Zutaten (ohne Eiswürfel) in den Mixer geben, in hohe Gläser geben und mit Eiswürfeln servieren.

Walnuss- Himbeeren-Smoothie

❖ *Zutaten:*

10 Walnüsse

300 g gefrorene Himbeeren

250 ml Mandelmilch (ungezuckert)

1 kleine Banane

2 EL Zitronensaft

300 ml Wasser

❖ *Zubereitung:*

Walnüsse klein hacken, Banane schälen und in kleine Stücke schneiden. Alle Zutaten in den Mixer geben und gut durchmixen.

Mandel- Apfel-Smoothie

❖ *Zutaten:*

100 g gemahlene Mandeln

2 Äpfel

1 kleine Banane

2 EL Zitronensaft

300 ml Wasser

1 Tasse Eiswürfel

❖ *Zubereitung:*

Äpfel waschen, das Kerngehäuse entfernen und klein würfeln. Banane schälen und klein schneiden. Alle Zutaten (ohne Eiswürfel) in den Mixer geben, gut durchmixen und in hohe Gläser geben. Mit den Eiswürfeln servieren.

Birne- Erdbeeren-Smoothie

❖ *Zutaten:*

1 Birne

200 g gefrorene Erdbeeren

1 Apfel

200 ml Orangensaft (ohne Zucker)

2 EL Zitronensaft

200 ml Wasser

2 EL Streusüße

1 Tasse Eiswürfel

❖ *Zubereitung:*

Birne und Apfel waschen, Kerngehäuse entfernen und in kleine Stücke schneiden. Alle Zutaten (ohne Eiswürfel) in den Mixer geben und gut durch mixen. In hohe Gläser füllen und mit den Eiswürfeln servieren.

Johannisbeeren- Banane-Smoothie

❖ *Zutaten:*

400 g gefrorene Johannisbeeren

1 kleine Banane

200 ml Naturjoghurt

300 ml Wasser

2 EL Zitronensaft

2 EL Streusüße

1 Tasse Eiswürfel

❖ *Zubereitung:*

Banane schälen und in kleine Stücke schneiden. Alle Zutaten (ohne Eiswürfel) in den Mixer geben und gut durchmixen. In hohe Gläser geben und mit den Eiswürfeln servieren.

Heidelbeeren- Erdbeeren- Mandel-Smoothie

❖ *Zutaten:*

200 g frische Heidelbeeren

200 g frische Erdbeeren

10 Blätter Minze (3 für die Deko)

2 EL gemahlene Mandeln

100 ml Naturjoghurt

200 ml Buttermilch

100 ml Wasser

2 EL Zitronensaft

2 EL Streusüße

1 Tasse Eiswürfel

❖ *Zubereitung:*

Heidelbeeren, Erdbeeren waschen und mit den restlichen Zutaten (ohne Eiswürfel) in den Mixer geben und gut durchmixen. In hohe Gläser geben und je Glas mit einem Blatt Minze versehen und mit den Eiswürfeln servieren.

Low Carb Infos

kurz und knapp zusammengefasst

Low Carb (LC) ist ein englischer Begriff und bedeutet: „wenig Kohlenhydrate". Es geht darum, die Kohlehydratzufuhr in der täglichen Nahrung deutlich zu reduzieren.

Es gibt sehr viel Literatur zum Thema Low Carb – ob Anhänger oder Gegner der LC-Ernährung, die Sachverhalte werden unterschiedlich beschrieben. Eine „Kohlenhydratarme Ernährung" korrigiert den gestörten Stoffwechsel und hilft das Übergewicht zu verringern. Der Blutzucker wird durch diese Ernährungsweise stabilisiert. Diese Art der Ernährung entlastet den Körper in vielen Bereichen. Bei einer Reduzierung der Kohlenhydrataufnahme wirkt sich das nicht nur positiv auf den Blutzuckerspiegel aus, sondern auch auf die Bauchspeicheldrüse. Sie schaltet bei der Produktion des Hormons Insulin einen Gang runter, dadurch wird die Gefahr gebannt z. B. an Diabetes zu erkranken. Eine „Kohlenhydratarme Ernährung" bedeutet nicht, auf Kohlenhydrate völlig zu verzichten. Diese Ernährung steht für eine verminderte Aufnahme von Kohlenhydraten. Die Befürchtung, bei der Ernährungsumstellung eine Mangelerscheinung zu bekommen, kann widerlegt werden.

Diese Ernährung wird bei
folgenden Krankheiten eingesetzt:

Diabetes Typ 2, Rheuma und Gicht, MS (Multiple Sklerose), Migräne, Verstopfung & Blähungen, Sodbrennen, Krebs, Epilepsie, Übergewicht/Adipositas, AD(H)S, Magen- & Darmgeschwüren, Reizdarm, Schizophrenie, Parkinson, Alzheimer, Autismus, Wechseljahresbeschwerden, Pubertät, Entzündungsprozessen der Schleimhäute, Hautausschlägen & Akne, erhöhte Cholesterinwerte.

Das Eiweißpulver

Eiweißpulver (Proteinpulver) als Mehlersatz

Das Eiweißpulver ist das Multitalent der kohlenhydratreduzierten Küche.

Eiweißpulver als Mehlersatz wird immer beliebter in der Low Carb Ernährung.

Das Pulver hat je nach Firma einen Kohlenhydratwert von zirka 0,8 bis 5,0 pro 100 g.

Es wird von Sportlern „eigentlich" für den Muskelaufbau benutzt und eignet sich aber auch sehr gut zum Backen und Kochen in einer kohlenhydratarmen Ernährung.

Man bekommt dieses Pulver in allen möglichen Geschmacksrichtungen (auch mit neutralem Geschmack) und kaufen kann man es in Sportgeschäften, Bodybuildershops, großen Supermärkten und Reformhäusern.

Wer mehr Infos über das Eiweißpulver erfahren möchte, gibt dieses Wort einfach als Suchfunktionswort ein.

Infos zu Gemüse und Früchten

Gemüse

Rucola

Es ist keine Frage, das Gemüse Rucola gehört zu den kulinarischen Aufsteigern der letzten 25 Jahre und gehört zu den Kreuzblütengewächsen.

Charakteristisch für Rucola sind die länglichen und tiefgrünen Blätter. Sie schmecken herb-scharf und nussig.

Rucola stammt ursprünglich aus dem Gebiet des südlichen Mitteleuropa und den Mittelmeerländern. Im Mittelalter ließ man sich schon im alten Rom schmecken. Eines der Hauptanbaugebiete liegt in Italien, aber auch im Sudan, Indien und Ägypten kennt man die Rauke seit vielen Jahrhunderten. Seit ein paar Jahren wird Rucola auch in Deutschland (in milderen Regionen – Süden Deutschlands) auf dem Freiland angebaut.

Das Gemüse ist in der mittelalterlichen Pflanzenheilkunde als Mittel zum Entwässern bekannt und fördert auch die Verdauung. Ernährungswissenschaftler raten zu Rucola wegen der darin enthaltenen Senföle. Diese geben ihm nicht nur seinen Geschmack, sondern auch noch eine heilsame Wirkung in unserem Körper. Hinzu kommt, dass das Gemüse außerdem reich an Folsäure ist (kann Herz-Kreislauferkrankungen vorbeugen).

Löwenzahn

Der Löwenzahn gehört zu den Korbblütlern und wird auch Asteraceae genannt. Er blüht von April bis Juni. Als Heilpflanze ist der Löwenzahn schon seit dem Altertum bekannt. Es wurde gegen Gelbsucht eingesetzt, regt außerdem den Appetit an und lindert Verdauungsbeschwerden.

Die Pflanze stammt aus Europa und Westasien und kommt auf der gesamten nördlichen Halbkugel vor. Seine gelben Blüten eignen sich gut zur Herstellung eines wohlschmeckenden Sirups oder Gelees. Die jungen, nur leicht bitter schmeckenden Blätter und die Wurzel kann man als Salat verwenden. In den Nachkriegsjahren wurde aus der getrockneten und gerösteten Wurzel der Pflanze ein Ersatzkaffee hergestellt (Zichorienwurzelersatz).

Wer aber Probleme mit den Gallenwegen oder den Nieren hat, sollte auf Löwenzahn verzichten oder nur in Absprache mit dem Arzt essen/einnehmen.

Menschen, die auf Korbblütler allergisch reagieren, sollten auch auf Löwenzahn verzichten.

Gurke

Gurken gehören zur Familie der Kürbisgewächse und werden in zwei verschiedene Untergruppen unterschieden: Die Schlangengurke (Salatgurke) und die Einleggurke.

Vor allem im Sommer sind Gurken eine willkommene Erfrischung. Durch den hohen Wassergehalt versorgen sie den Körper mit viel Flüssigkeit und sie haben wenige Kalorien.

Die Gruppe B-Vitamine, C- und E-Vitamine sowie Mineralstoffe sind in der Gurke vertreten, ebenso ist sie reich an Calcium, Eisen, Zink, Magnesium, Kalium und Phosphor. Um die Vitamine sowie auch die Mineralstoffe zu erhalten, sollte man sie mit der unbehandelten Schale verzehren.

Gurken helfen, Säuren im Körper abzubauen und tragen dazu bei, den Säure-Base-Haushalt im Gleichgewicht zu halten, der beispielsweise dafür sorgt, dass wir vor Rheuma und Gicht geschützt werden.

So können Gurken auch bei geschwollenen Beinen und Füßen helfen, da sie eine entwässernde Funktion haben.

Bei Diabetes kann der Verzehr auch den Blutzuckerspiegel senken.

Spinat

Spinat galt lange Zeit als Eisenlieferant Nummer Eins. Der Glaube beruht auf einem einfachen mathematischen Fehler. Ein Wissenschaftler setzte das Komma hinter der Null falsch und schon glaubte man, Spinat würde eine riesige Menge an Eisen enthalten.

Der Spinat enthält drei bis vier Gramm Eisen, Linsen dagegen doppelt so viel. Trotzdem ist der Spinat gesund. Er soll gegen Fieber, Blähungen, Entzündungen, und Nierensteine helfen und die Samen gelten als Abführmittel. In der Naturheilkunde wird der Spinat zur Behandlung von Verdauungsbeschwerden, Müdigkeit und Blutarmut eingesetzt.

Wer Spinat am nächsten Tag wieder aufwärmen will, sollte das Gericht möglichst schnell abkühlen und anschließend im Kühlschrank lagern. Aufgewärmter Spinat schadet Erwachsenen nicht, Kleinkinder hingegen sollten keinen aufgewärmten Spinat bekommen, und Säuglinge dürfen überhaupt keinen Spinat essen.

Radieschen

Botanisch gesehen gehören Radieschen zur Familie der Kreuzblütengewächse und gelten als Geheimwaffe gegen Bakterien und Pilze.

Sie gehören zum ersten Gartengemüse, das man ab April ernten kann. Die rot-weißen Knollen werden meist roh gegessen. Sie schmecken gut in grünem Salat, aufs Brot oder im Kartoffelsalat.

Die Knollen haben einen Wassergehalt von 94 Prozent und nur 14 Kalorien pro 100 Gramm. Sie enthalten viele Mineralstoffe und Vitamine: Eisen, Calcium, Kalium, Vitamin A, B1, B2 und C.

Die in den Knollen enthaltenen Senföle unterstützen den Körper bei der Abwehr von Bakterien, Pilzen und Viren. Sie regen die Verdauung an und sorgen für die charakteristisch leichte Schärfe.

Fenchel

Er enthält eine östrogenähnliche Substanz (Estragol), die das sexuelle Verlangen bei Frauen erhöht und den Männern verhilft er zu mehr Ausdauer bei der Liebe.

Der Fenchel versorgt den Körper jedoch in erster Linie mit vielen Vitaminen und wertvollen Aminosäuren.

Diese stärken die Nerven, das Immunsystem und lindern Blasen- und Prostatabeschwerden.

Das aromatisch duftende Gemüse enthält ätherische Öle, die auf die Psyche wirken sollen.

Mangold

Mangold (Gemüsepflanze), der auch Krautstiel genannt wird, war lange Zeit in Vergessenheit geraten. Botanisch ist er auch mit der "Roten Bete" verwandt. Die zweijährige Pflanze zählt zu den gängigen Gemüse-Kulturen, die in der Küche Verwendung finden.

Mangold hat einen hohen Anteil an Vitaminen: K, C, E und außerdem auch Eiweiß, Kalium, Jod und Natrium. Er ist auch reich an Carotin, das unsere Zellen und Schleimhäute schützt.

Er enthält aber auch "wie Spinat und rote Rüben" viel Nitrat. Dieses kann sich unter Umständen in gesundheitsschädliches Nitrit umwandeln. Mangold nicht über einen längeren Zeitraum warm halten!

Wegen der enthaltenen Oxalsäure sollte er von Menschen, die an Nierenerkrankungen leiden, nicht verzehrt werden.

Möhren

Die Möhre, auch Karotte, Gelbe Rübe, Wurzel Mohrrübe genannt, ist eine Gemüsepflanze aus der Familie der Doldenblütler.

Sie sind kalorienarm und besonders reich an Carotin. Carotin ist eine Vorstufe von Vitamin A.

Das Vitamin A ist unter anderem wichtig für unsere Sehfähigkeit, Immunsystem und das Zellwachstum. Das Gemüse enthält Vitamin B6, B1, B2, C und den Radikalfänger Vitamin E. Sie sind auch reich an Mineralstoffen und Spurenelementen.

Brokkoli

Wussten Sie, dass man Brokkoli auch roh essen kann?

Wie Stiftung Warentest berichtet, ist es viel gesünder, wenn man Brokkoli nicht gekocht, sondern roh isst.

Weitere Quelle:

www.test.de/Leserfrage-Brokkoli-roh-essen-4148664-0/

Beim Kochen gehen viele Vitamine, Mineralien und Spurenelemente verloren, allein 100 g Brokkoli versorgen den Körper mit genügend Vitamin C (für den ganzen Tag).

Das Gemüse enthält auch viel Kalzium und beugt gut Osteoporose vor und die enthaltene Folsäure ist gut für schwangere Frauen.

Das Gemüse Brokkoli steht auf Platz eins der zehn Gemüse, die zur Vorbeugung von Krebs empfohlen werden.

Es enthält fünfmal so viel Kalzium, zweimal so viel Eisen, fünfzehnmal so viel Karotin und viermal so viel Vitamin C wie der Blumenkohl. Und er hat viel Vitamin C, B-Vitamine und Folsäure.

Es ist ein Extrakt aus Brokkolisprossen, das eine besondere starke krebshemmende Wirkung besitzt, berichten amerikanische Forscher.

Das Gemüse hat außerdem eine Substanz, welche die Haut vor schädlicher UV-Strahlung schütz. Yuesheng Zhang vom Roswell Park Cancer Institute in Buffalo erklärt, dass die Krebsschutzwirkung einiger Gemüsesorten zum Teil auf ihrem hohen Gehalt an Isothiocyanaten beruht. Diese Inhaltsstoffe werden mit dem Urin ausgeschieden, sie entfalten sich also in besonderem Maß im Blasengewebe. So enthalten Brokkolisprossen zirka 30 Mal mehr Isothiocyanate als das reife Gemüse.

Weitere Quelle:

Patienteninformation zu dem Brokkoli-Inhaltsstoff Sulforaphan und weitere wertvolle Tipps für eine gesunde Ernährung:

https://www.klinikum.uni-heidelberg.de/fuer-Patienten.111688.0.html

Tomate

Die Tomate stammt ursprünglich aus Süd- und Mittelamerika und wurde durch Kolumbus gegen Ende des 15. Jahrhunderts nach Europa gebracht.

Sie bietet Schutz gegen koronare Herzerkrankungen und Arteriosklerose.

Es ist die Substanz Lycopin. Das ist ein spezielles Carotinoid mit antioxidativen Eigenschaften. Der sekundäre Pflanzenstoff schützt die Zellmembranen. Tomaten sind kalorienarm und neben dem Lycopin sind sie reich an Vitamin C, Kalium, und wichtigen Spurenelementen. Das Lycopin ist in Tomaten hoch dosiert und fängt Radikale im Körper ab. Es verhindert so, dass sie die Zellen schädigen. Wissenschaftlich heißen Tomaten „Solanum lycopersicum". In der EU ist Lycopin als Lebensmittelfarbstoff E 160d zugelassen.

Weitere Quelle:

Lange kritisch beäugt und doch gesund: Ketchup! Ja, wer hätte das gedacht – Ketchup ist gesund. Und nicht nur das. Die rote Soße ist ein wahrer Jungbrunnen und schützt vor so manchen Krankheiten. Wer täglich Tomatenprodukte isst oder trinkt, tut seiner Gesundheit etwas Gutes, so Professor Venket Rao von der Medizinischen Fakultät der Universität in Toronto.

Rhabarber

Obwohl der Rhabarber fruchtig schmeckt, ist er ein Gemüse und zählt zu den Knöterichgewächsen und ist mit dem Sauerampfer verwandt.

Er enthält wenig Kalorien (14 Kilokalorien pro 100 g), dafür kommen in dem Gemüse Kalium, Eisen, Phosphor, Kalzium, Magnesium sowie Vitamin C vor.

Das Gemüse gehört zu den Lebensmitteln, die sehr viel Oxalsäure enthalten.

Achtung:

Oxalsäure kann in größeren Mengen Vergiftungserscheinungen auslösen.

Früchte (Obst)

Banane

Die Geschichte der Banane ist lange und beginnt in Südostasien. Durch arabische Händler gelangte sie nach Afrika. Portugiesische Seefahrer brachten die Banane im 15. Jahrhundert auf die Kanaren und hundert Jahre später aß man sie in Spanien und Mittel/Südamerika. Erst im 19. Jahrhundert kam sie nach Mittel-Europa - vorher kannte man keine Möglichkeit, die schnell reifende Frucht die langen Strecken zu transportieren.

Die Banane gehört seit dem 20. Jahrhundert in Deutschland zu den wirtschaftlich bedeutendsten Obstsorten. Sie zählt botanisch zu den Beeren und wächst an Stauden, die bis zu neun Meter hoch werden können.

Bananen sind reich an Kalium, Magnesium, Vitamin B6 und Kalzium und liefern Energie sowie wichtige Mineralstoffe

Achtung:

Im Kühlschrank gelagert wird die Schale braun.

Orange

Die Orange stammt ursprünglich aus China und wird auch Apfelsine genannt: Apfel aus China. Sie entstanden aus einer Kreuzung von Mandarine und Pampelmuse.

Erst im 15. Jahrhundert fand die Orange auf dem Seeweg nach Europa.

Sie sind reich an Vitaminen und Mineralstoffen. Das Vitamin C verbessert die Aufnahme von Eisen, das für den Sauerstofftransport im Blut benötigt wird (100 g Fruchtfleisch enthalten zirka 50 Milligramm Vitamin C). Außerdem enthalten sie noch Vitamine der B-Gruppe, Folsäure und Phosphor.

Apfel

Der Apfel stammt ursprünglich aus Asien. Seit dem 6. Jahrhundert wird er in Mitteleuropa angebaut.

Es gibt weltweit über 20.000 Apfelsorten, zirka 1.000 wachsen davon in Deutschland.

Der Apfel hat über 30 Vitamine und Spurenelemente sowie 100 – 180 Milligramm Kalium, Kalzium, Phosphor, Magnesium und Eisen. Pektin ist ein wichtiger Inhaltsstoff, das den Cholesterinspiegel senkt. Es gibt wissenschaftliche Studien, die aussagen, dass Apfelesser seltener an Bronchial- und Lungenkrankheiten leiden. Außerdem scheinen die in der Frucht enthaltenen Flavonoide und Carotinoide das Krebsrisiko zu mindern.

"An apple a day keeps the doctor away."

Dieser Spruch heißt übersetzt:

"Ein Apfel am Tag – Arzt gespart".

Kiwi

Die Kiwi (Chinesische Stachelbeere) stammt ursprünglich aus China, wird aber auch in Neuseeland und auch in vielen anderen Ländern (mit subtropischem Klima) angebaut. Neben Neuseeland zählt auch Italien als Haupt-Anbauland.

Mit einer großen Kiwi kann der Tagesbedarf an Vitamin C gedeckt werden. Die Frucht enthält außerdem Vitamin E, B, Magnesium, Kalium, Kalzium, Phosphor und Eisen.

Hinzu kommen wertvolle Ballaststoffe und Omega-3-Fettsäuren und Antioxidantien.

Enthalten ist auch das Enzym Actinidin, das zur Spaltung von Eiweiß führt.

Achtung:

Aufgrund des hohen Vitamin-C-Gehalts kann sie bei Menschen mit empfindlicher Haut zu Hautreizungen führen und sie kann auch ein Brennen auf der Zunge, Gaumen und Lippen hinterlassen.

Zitrone-Limette

Zitrusfrüchte haben ihren Ursprung in Südostasien und gehören zur Familie der Rautengewächse. Der Anteil an Zitronen- und Apfelsäure verleiht den Früchten ihren sauren Geschmack. Da die Früchte nach der Ernte nicht mehr nachreifen, müssen sie immer im reifen Zustand geerntet werden.

Eine Zitrone (Limone) ist im reifen Zustand sonnengelb, die Limette dagegen leuchtend grün. Limetten schmecken intensiver und aromatischer, die Zitrone hingegen ist saurer.

Limetten und Zitronen unterscheiden sich deutlich im Saftgehalt. Dieser ist bei der Limette zirka doppelt so hoch als der einer Zitrone.

Beide Früchte sind reich an Vitamin C sowie Phosphor, Pektin und Magnesium.

Die Limette hat noch weitere Inhaltsstoffe: Kalium und Calcium.

Erdbeere

Schon in der Steinzeit wurde die Erdbeere von unseren Vorfahren verzehrt und auch die Römer schätzten die kleine Frucht. In England und Frankreich wurde sie schon im 14. und 15. Jahrhundert angebaut. Nach Deutschland kam die Erdbeere Mitte des 18. Jahrhunderts – Hauptanbaugebiet war damals Baden-Baden. Heute gibt es Erdbeeren auch in Niedersachsen, Nordrheinwestfalen, Baden-Württemberg und Bayern.

Eigentlich sind die Erdbeeren keine Beeren, sondern Scheinfrüchte (Sammelnussfrüchte). Die Sorten sind vielzählig und unterscheiden sich in Form, Geschmack, Farbe, Frucht und Festigkeit sowie auch in Reifezeit und Inhaltsstoffen.

Die Erdbeere hat einen hohen Gehalt an Ballaststoffen (Pektinen und Zellulose). Diese fördert die Verdauung. Ihr Vitamin-C-Gehalt ist sehr hoch, er liegt höher als bei Zitronen und Orangen.

200 g Erdbeeren decken den Tagesbedarf an Vitamin-C eines Erwachsenen. Außerdem besitzt die Frucht Folsäure, Kalzium, Kalium, Eisen, Kupfer, Zink, Mineralstoffe und Polyphenole (sekundäre Pflanzenstoffe).

Die aphrodisierende Wirkung der Erdbeere ruft das Sexualhormon Testosteron hervor und der süße Geschmack regt die Geschmacksnerven an, welche die Produktion von Glückshormonen fördert.

Himbeere

Die Himbeere stammt ursprünglich aus Südosteuropa und schon in der Steinzeit hat man die Frucht verspeist.

Auch als Heilpflanze war sie in der Antike schon bekannt, in mittelalterlichen Klostergärten traf man sie in großer Zahl an.

Die Himbeere gehört zu den Rosengewächsen und kann bis zu 2 Meter hoch werden.

Sie enthalten viel Vitamin-C, Folsäure und Balaststoffe.

Brombeere

Die Brombeere stammt ursprünglich aus den Wäldern Nordamerikas und Eurasiens und gehört zur Pflanzenfamilie der Rosengewächse. Heute ist die Beere weltweit verbreitet.

Die Frucht wurde auch in der griechischen Antike als Heilpflanze geschätzt.

Der Gehalt an Provitamin A gehört zu den höchsten unter den Beeren. Auch besitzen sie viel Vitamin-C, E und Vitamine aus der B-Gruppe.

Der Mineraliengehalt ist hoch und Dank ihres Ballaststoffanteils können Brombeeren die Verdauung anregen. Für die blauschwarze Farbe sind die Anthocyane verantwortlich.

Johannisbeere

Johannisbeeren stammen vermutlich aus Asien und sind heute weltweit vertreten. Sie wachsen an mehrjährigen Sträuchern.

Die "roten, weißen und schwarzen" Sorten sind in Geschmack und Aroma sehr unterschiedlich.

Johannisbeeren haben viel Vitamin C und Ballaststoffe.

Achtung:

Bei einem sensiblen Magen sollte man die Johannisbeeren fein pürieren. Der Magen reagiert auf die relativ dicke Haut und die Kerne manchmal mit Beschwerden.

Blaubeere/Heidelbeere

Die Blaubeere, auch Heidelbeere, Wildbeere, Schwarzbeere, Waldbeere oder Moosbeere genannt, gehört zur Familie der Heidekrautgewächse.

Die Heidelbeeren enthalten viel Wasser und ihr Anteil an Provitamin A (wichtig für den Sehprozess) ist recht hoch. Hinzu kommen die Vitamine E und C.

Achtung:

Frische Beeren können leicht abführend wirken, dagegen wirken getrocknete Beeren bei Durchfallerkrankungen.

Mango

Die Mango-Frucht gehört zu den beliebtesten tropischen Früchten in Deutschland.

Sie ist reich an wertvollen Nährstoffen wie Polyphenole und dem Provitamin A, der Carotinoide. Auch das Vitamin C ist reichlich vertreten.

Die Frucht zeichnet sich auch durch viel Vitamin B6 aus und hilft auch bei der Synthese von wichtigen Neurotransmittern (sind für Gemütszustand und Schlafstörungen verantwortlich). Sie helfen auch, den Blutdruck zu reduzieren. Außerdem enthalten sie noch Magnesium und Kalium.

Kaki

Die Kaki-Frucht kommt ursprünglich aus Asien und die Chinesen nutzen ihn dort seit mehr als 2000 Jahren. Der Kakibaum, der aus der Familie der Ebenholzgewächse stammt, wird bis zu zehn Meter hoch.

Sie enthält besonders viel Beta-Carotin (Provitamin A). Dieses unterstützt den Sehprozess und viele Wachstumsvorgänge. Eine große Kaki-Frucht kann den Tagesbedarf eines Erwachsenen decken. Außerdem enthält die Frucht Vitamin C, Kalium und Phosphor.

Die Kaki-Frucht ist mit oder ohne Schale genießbar. Man kann sie wie eine Kiwi auslöffeln (Oben eine Scheibe abschneiden). Das geleeartige Fruchtfleisch erinnert geschmacklich an Birnen und Aprikosen. Getrocknet sind sie eine besondere Delikatesse.

Birne

So wie der Apfel zählt auch die Birne zum Kernobst und gehört zur Familie der Rosengewächse.

Man vermutet, dass der Ursprung der Kulturbirne im Kaukasus oder Anatolien zu finden ist. Die Römer waren sehr begeisterte Züchter, es gab bis zu 40 Sorten. Der französische Sonnenkönig Ludwig der XIV verhalf der Birne in seiner Residenz in Versailles zu ihrer ersten Blüte.

Die Frucht ist viel säureärmer als der Apfel und ist aus diesem Grund auch für den Babybrei gut geeignet.

Sie regen die Verdauung an und wirken entschlackend und entwässernd, außerdem stärkt der hohe Phosphorgehalt das Nervensystem.

Die Frucht ist reich an Vitamin A, B1, B2 und C, außerdem enthalten sie Folsäure, Kalium, Kalzium, Eisen und Phosphor.

Achtung:

Wegen des hohen Fruchtzuckergehalts (beinhalten auch den Zuckeralkohol Sorbitol) können sie bei einigen Menschen Durchfall oder Blähungen verursachen.

Wassermelone

Die Wassermelone ist eine aus Afrika stammende Nutzpflanze. Die Ägypter ließen sich schon vor 4.000 Jahren an heißen Tagen saftige Wassermelonen schmecken.

Zirka 95 Prozent Wasser enthält eine Wassermelone und abgesehen davon, stecken in der Frucht auch die Vitamine A und C, sowie auch Natrium, Eisen und Zitrulin.

Zitrulin erweitert den Blutfluss – und das kann so auch die Potenz von Männern steigern.

Kokosnuss

Die Kokosnuss ist eine Frucht der Kokospalme und kommt aus Malaysia, Indien, Indonesien, Brasilien, Westindischen Inseln, Philippinen und aus der Dominikanischen Republik.

Sie hat einen hohen Gehalt an Kupfer und trägt somit indirekt zur Bildung von Neurotransmittern bei. Diese sind für den Informationsaustausch zwischen den einzelnen Zellen zuständig.

Die Kokosnuss hat einen hohen Ballastoff, der den Magen-Darmtrakt fit hält und ihr Kupfergehalt soll die Gehirnfunktion anregen und so Alzheimer vorbeugen.

Außerdem enthält sie Kalzium, Kalium, Natrium, Eisen, Phosphor, Mangan und Selen.

Kokosnusswasser eignet sich gut als Iso-Drink, wenn der Körper durch Schwitzen viel Flüssigkeit verloren hat.

Zwetschge

Die Zwetschge (auch Quetsche genannt) ist eine Unterart der Pflaume und wird in Europa, Nordamerika, Westasien und Südafrika angebaut.

Botanisch zählen sowohl Zwetschgen, Mirabellen oder Renekloden zu den Pflaumen und sind vermutlich (Europäischen Pflaumen) aus zwei Elternarten (wilden Kirschpflaume und der gewöhnlichen Schlehe) hervorgegangen.

Zwetschgen haben viele Vitamine und Mineralstoffe und helfen auch bei Verstopfungen und anderen gesundheitlichen Problemen.

Das Obst enthält Magnesium, Eisen, Kalium, Zink und Kupfer sowie jede Menge Vitamine: Vitamine aus der B-Gruppe, Provitamin A, Vitamin C und E.

Achtung:

Da die reifen Früchte einen hohen Fruchtzuckergehalt haben, sollten Menschen mit Fructoseintoleranz besser darauf verzichten.

Dattel

Die Dattel kommt aus der Familie der Palmengewächse im Persischen Golf. Sie werden in Palmengärten angebaut und wachsen bis zu 30 Meter hoch. Angebaut werden sie heute von Nordafrika bis Pakistan.

Sie sind reich an Zucker haben so einen entsprechend hohen Zuckergehalt sowie Kalzium, Kalium, Magnesium und B-Vitamine.

Sie enthält auch Tryptophan (Aminosäure).

Aus Tryptophan entsteht im Körper das Hormon "Melatonin". Dieses hat eine Bedeutung für den Schlaf-Wach-Rhythmus. Es wird gesagt, dass die Araber bei leichten Einschlafproblemen am Abend ein paar Datteln naschen.

Avocado

Ist die Avocado ein Gemüse oder Obst?

Die Avocado gehört zum Obst und ist eindeutig eine Frucht – sie ist eine große Beere mit einem einzigen Samenkern.

Advocados wachsen an Bäumen in wärmeren Klimazonen und gehören zur Familie der Lorbeergewächse. Sie besitzen eine cremige Textur und sind durch eine dicke, unebene, dunkel-grüne oder auch schwarze Schale geschützt. Die Avocadobäume werden wild wachsend bis zu 15 Meter hoch.

Die Avocado ist reich ein essenziellen, ungesättigten Fettsäuren und daher sehr gesund.

Zudem enthält sie: Kalium, Magnesium, Vitamin E, B, Proteinen und Persin.

Gegessen wird die Avocado roh – gekocht schmeckt das Fruchtfleisch bitter.

Kräuter

Petersilie

Die Petersilie ist das bekannteste Krau der deutschen Küche und es gibt sie mit glatten oder mit krausen Blättern. Sie ist mehr als nur die grüne Dekoration auf dem Tellerrand – sie ist DAS Multivitaminpräparat für die Gesundheit.

Die Petersilie ist reich an Chlorophyll, dieses reinigt in unserem Körper das Blut und unterstützt Nieren und Leber bei der Entgiftung. Außerdem enthält sie viele Vitamine: B1 – B6, Beta Carotine, Vitamin C, Folsäure, Vitamin K sowie Mineralstoffe und Spurenelemente. Petersilie liefert auch Calcium, Magnesium, Eisen, Mangan, Kalium, Phosphor und Schwefel.

Schwangere sollten keine großen Mengen an Petersilie zu sich nehmen, denn Petersilie könnte eine Fehlgeburt auslösen. Kleine Mengen "als Gewürz" sind bei gesunden Frauen jedoch unbedenklich.

Minze

Die Minze ist eine Pflanzengattung aus der Familie der Lippenblütengewächse. Sie wird als Gewürz für Desserts, Salate, Getränke, Fisch und Fleisch verwendet.

Sie zählt auch als Heilpflanze bei Erkältungskrankheiten und Magenbeschwerden. Sie hat einen hohen Gehalt an Menthol und eignet sich gut zum Inhalieren bei Atemwegserkrankungen.

Sie ist einfach ein wahrer Alleskönner und hat unglaublich viele Anwendungsgebiete.

Man kann sie auch getrocknet verwenden.

Nüsse

Mandel

Die vielen mehrfach ungesättigten Fettsäuren in Nüssen beeinflussen den Cholesterinspiegel und den Blutzuckerspiegel. Vor allem Mandeln enthalten das zellschützende Vitamin E, das der Hautalterung vorbeugt. Mandeln enthalten auch Folsäure, Riboflavin und Mineralstoffe und ihr hoher Gehalt an Ballaststoffen fördert die Verdauungstätigkeit.

Ein Forscherteam aus Toronto entdeckte in einer Studie an 15 gesunden Testpersonen eine zusätzliche Methode, den hohen Blutzuckerspiegel vorzubeugen. Doktor Cyril Kendall von der Universität Toronto bestätigt dies: „Wir haben herausgefunden, dass der Genuss von Mandeln die glykämische Antwort und die Insulinantwort des Körpers beim Verzehr einer kohlenhydratreichen Mahlzeit stark abschwächt." Quelle: Gesellschaft für Ernährungsmedizin und Diätetik e.V.

Auch frühere Studien belegen schon eine Senkung des Cholesterinspiegels durch regelmäßigen Verzehr von Mandeln. Mit dem hohen Anteil an einfach ungesättigten Fettsäuren tragen sie zur Verringerung des Risikos von Herz-Kreislauf-Erkrankungen bei. Mandeln erweisen sich damit als wahres Multitalent.

Professor Dr. Hans-Konrad Biesalski, Leiter des Instituts für Biologische Chemie und Ernährungswissenschaften der Universität Stuttgart Hohenheim bescheinigt weitere gesundheitsförderliche Wirkungen der Mandel.

Wie eine kanadische Studie zeigt, ist die Mandel auch gegen oxidativen Stress sehr gut. Der Grund für diesen Schutzeffekt ist der hohe Anteil an Vitamin E in Mandeln. Dieses Vitamin E beugt koronaren Herzkrankheiten vor.

Nüsse haben zwar viele Kalorien, sind aber durch ihren hohen Eiweißgehalt von etwa 20% leicht verdaulich und liefern gesunde Fette und Vitamin B, Niacin, Eisen, Magnesium und Folsäure. Sie sorgen für einen gut funktionierenden Energiestoffwechsel und helfen beim Muskelaufbau.

Walnuss

Der Walnussbaum stammt ursprünglich aus Asien und ist ein sommergrüner Laubbaum, der bis zu 35 Meter hoch werden kann. Er kann bis zu 150 Jahre alt werden.

Bei den Römern und Griechen waren die Nüsse ein Symbol für Fruchtbarkeit. In Deutschland wächst der Baum vor allem in Weinbergregionen.

Walnüsse haben einen hohen Gehalt an einfach und mehrfach ungesättigten Fettsäuren. Mit einem Fettanteil von über 60 Prozent sind sie recht kalorienreich. Die Nüsse enthalten Vitamin E, B-Gruppe, Kalium, Zink, Magnesium, Kalzium und Eisen.

Es gibt wissenschaftliche Untersuchungen, dass der Genuss der Nüsse vermutlich Herz-Kreislauf-Erkrankungen vorbeugen und die Blutfettwerte günstig beeinflussen kann.

Auch die Blätter der Walnüsse haben eine positive gesundheitliche Wirkung. So sollen Tees aus deren Blättern die Schweißbildung mindern und Hauterkrankungen lindern.

Gewürze

Vanille

Schon seit langer Zeit gilt die Vanille als Königin der Gewürze. Durch ihren Duft ruft sie Glücksgefühle hervor, die Stress und Angst vergessen lassen. Ihr süßes Aroma wirkt beruhigend und harmonisierend und lockt sanfte, ausdauernde Zärtlichkeit.

Ursprünglich stammt die Vanille aus den tropischen Wäldern Mexikos. Die Blüten der Pflanze sind grün-gelb und sie blüht nur einen Tag lang und dann wächst eine Schote mit Samen heran. Bevor diese reif ist, wird sie geerntet und fermentiert. Dadurch erhält die Vanille ihr Aroma.

Elisabeth I. hat die Vanille im Jahre 1602 in die Liste der bei Hof erlaubten Gewürze aufgenommen und geadelt. In Frankreich hingegen hatte Kardinal Richelieu eine weitere Verwendungsmöglichkeit für die betörende Vanille entdeckt. Er ließ von ihr Duftkügelchen herstellen, mit denen er die Damen am Hofe Ludwig XIII. reihenweise becirct und verführt haben soll.

Im 16. Jahrhundert berichtete ein spanischer Arzt „Francisco Hernandez de Toledo", dass die Indianer die Vanille gezielt als Stärkung für ihre Gehirne verwenden würden.

Die Vanille ist auch fester Bestandteil vieler Parfums.

Zimt

Der Zimt ist würzig, herb und etwas süß. Es ist eines der ältesten Gewürze und wurde schon im Altertum verwendet.

Der Zimt (Zimmet) ist ein Gewürz aus der getrockneten Rinde von Zimtbäumen. Bei der Ernte schneidet man die Zweige des Zimtbaumes ab und entfernt die Rinde. Diese wird getrocknet und das Ergebnis sind die Zimtstangen. Trocknet man diese, erhält man Zimtpulver.

Der echte Zimt ist der Ceylon-Zimt (Cinnamomum zeylanicum). Als Verfälschung gilt der Cassia-Zimt (Cinnamomum cassia).

Achtung:

Wissenschaftliche Studien kommen zu unterschiedlichen Ergebnissen: Der Zimt beeinflusst den Blutzuckerspiegel von Menschen mit Diabetes Tpy-2 mutmaßlich positiv und dann auch mal nicht.

Daher rät die Deutsche Diabetes Gesellschaft davon ab, Zimtpräparate als Nahrungsergänzungsmittel einzunehmen. Sprechen Sie mit dem Arzt darüber, ob sich der Zimt für Sie möglicherweise eignet oder nicht.

Ingwer

Der Ingwer ist eine tropische Gewürzpflanze und wächst im tropischen Südostasien. Seine wirksamen Inhaltsstoffe befinden sich im Wurzelstock.

Ingwer ist ein Gewürz und er wirkt sich auch auf die Gesundheit aus. So kurbelt die Knolle die Verdauung an und lindert Schmerzen. Auch hilft er gegen Reiseübelkeit.

Er hat viele Vitamine: C, E, B3, B5, B6 und Folsäure, Thiamin, Niacin, Riboflavin, Eisen, Zink, Kalzium, Magnesium und Kalium.

Achtung:

Es ist nicht auszuschließen, dass Ingwer das Blutungsrisiko erhöht. Patienten, die eine vermehrte Blutungsneigung haben, sollten sich vor der Anwendung von Ingwer bei ihrem Arzt erkundigen.

Dies gilt auch für Schwangere. Die Inhaltsstoffe aus Ingwer können Wehen auslösen.

Sonstiges

Kakao

Seit Jahrhunderten ist der Kakao ein gefragtes Lebensmittel. Bereits die Majas und Azteken haben sich am köstlichen Geschmack des Kakaos erfreut. Heute gibt es viele Verwendungsmöglichkeiten für das feine Pulver.

Der industriell gefertigte Kakao ist oft mit viel Zucker angereichert – der natürliche Kakao enthält dagegen nur rund ein Prozent Zucker. Man kann sich auch seinen Kakao selbst mischen.

Das Pulver besitzt viele Mineralstoffe, unter anderem Kalium und Magnesium sowie auch Ballaststoffe und Vitamin E.

Ein Kakaoanteil von über 70 Prozent soll lt. Wissenschaft den Blutdruck senken. Dies hängt damit zusammen, dass Kakao viele Flavanole enthält, die sich positiv auf die Elastizität der Blutgefäße auswirken. Außerdem wirken die im Kakao enthaltenen Stoffe "Theobromin und Theophyllin" stimulierend auf den Kreislauf und das zentrale Nervensystem. Die dunklen Sorten enthalten darüber hinaus auch besonders viele Antioxidantien. Diese dienen dem Körper als Radikalfänger.

Erdnuss

Botanisch gesehen, ist die Erdnuss, die aus Südamerika stammt, eine Hülsenfrucht und mit Erbsen- und Bohnen-Arten verwandt. Und doch gibt es auch Ähnlichkeiten zu botanischen Nüssen – es gibt immer 1 – 4 Erdnüsse in einer länglichen Hülse. Sie wächst nicht auf Bäumen, sondern unter der Erde, was ihnen letztendlich auch den Namen "Erdnuss" eingebracht hat.

Die Inka (stammen ursprünglich aus Peru) pflanzten bereits vor 3.500 Jahren Erdnüsse auf ihren Feldern.

Ungeröstet und ungesalzen enthält die frische Erdnuss Eiweiß, Tryptophan, Vitamine B und E. Es wird ihnen nachgesagt, dass ihre Inhaltsstoffe blutdrucksenkend, stimmungsaufhellend und nervenstärkend wirken. Außerdem hätten sie positiven Einfluss auf den Schlaf.

Achtung:

Die Erdnuss zählt zu den größten Allergieauslösern und steht auf Platz 3 der häufigsten Lebensmittel-Allergien, direkt nach Haselnuss und Sellerie.

Vitamine

Vitamin A:

Vitamin A fördert den Stoffwechsel und die Zellteilung. Die Haut bleibt geschmeidig und glatt. Als Radikalfänger wirkt es vorbeugend gegen Falten und verzögert die Hautalterung.

Vitamin A ist enthalten in: Fisch, Butter, Käse, Vollmilch, Spinat, Fenchel, Feldsalat, Brokkoli, Möhren, Aprikosen, Kirschen, Rote Beete und Tomaten.

Vitamin B:

Sechs verschiedene B-Vitamine bilden zusammen den zentralen Motor für den Stoffwechsel. Vitamin B2 ist sehr gut für die Haut, Haare und Nägel.

Pantothensäure (Vitamin B5) ist die Königin unter den Beautyvitaminen. Sie wirkt hautglättend und beschleunigt das Zellwachstum. In der Kosmetik wirkt eine stabilere Form des B-Vitamins: Panthenol. Es dringt tief in die Haut ein und bindet die Feuchtigkeit.

Dieses Vitamin ist enthalten in: Leber, Seefisch, magerem Schweinefleisch, Hefe, Vollkornbrot, und Getreidekeimen.

Vitamin C:

Vitamin C fördert die Zellatmung und regt den Kollagen-Aufbau an. Es strafft das Bindegewebe und hält die Haut elastisch. Dieses Vitamin C ist ein wichtiger Radikalfänger und beschützt die Haut vor schädigenden Umwelteinflüssen.

Es ist enthalten in: Kiwi, Sanddorn, Johannisbeeren, Holunder, Brokkoli, Grünkohl, Feldsalat, Papaya, Lauch und Kartoffeln.

Vitamin E:

Dieses Vitamin ist das zentrale Schutzvitamin für die Zellwände. Es verzögert die Hautalterung und glättet und regeneriert die Haut.

Es ist in folgenden Lebensmitteln enthalten: Pflanzliche Öle, Wirsing, Paprika, Mango, Nüsse und rohem Weißkohl.

Vitamin F:

Das Vitamin F ist ein Gemisch aus ungesättigten Fettsäuren und fördert das Haarwachstum und den gesunden Aufbau der Haut.

Vitamin F ist enthalten in: Kernobst, Nüssen, Samen und kalt gepressten pflanzlichen Ölen.

Vitamin H:

Das Vitamin H (Biotin) regt die Hautregeneration an und fördert die Bildung von Keratin - der Grundsubstanz für gesunde Haare und Nägel.

Es ist enthalten in: Leber, Eigelb, Nüssen, Spinat, Pilzen, Pflanzenkeimen und Haferflocken.

Süßstoff

Der Süßstoff ist oft ein künstlicher Ersatzstoff für den Zucker.

In Diät-Produkten setzt die Nahrungsmittelindustrie gerne den Süßstoff anstelle von Zucker ein, da er nur wenig oder keine Kalorien liefert.

Es wird vermutet, dass die Süßstoffe den Botenstoff "Serotonin" im Gehirn nicht anregen können. Serotonin ist der Botenstoff für das Wohlbefinden.

Süßstoffe enthalten keine Glukose und dienen Diabetikern bei Süßspeisen und Getränken als Alternative zum Zucker. Es gibt sie in Tablettenform, Streusüße oder Flüssigsüße. Für bestimmte Geschmacksrichtungen werden oft verschiedene Süßstoffe und Zuckeraustauschstoffe miteinander gemischt.

Zum Beispiel: STEVIA

In den Medien wird die Stevia-Pflanze, die von einem schweizer Botaniker im Jahr 1887 entdeckt wurde, schon lange diskutiert. Es ist bis heute NICHT wissenschaftlich belegt, dass „Stevia" trotz der hohen Süßkraft auch zahnschonend ist und sogar die Vermehrung der Kariesbakterien hemmt.

Das Süßkraut „Stevia" verspricht ein gesunder Zuckerersatz ohne Kalorien zu sein und dies ganz natürlich und pflanzlich.

Der aus einer in Südamerika heimischen Pflanze (Steviarebaudiana) gewonnene Stoff ist europaweit als Süßstoff zugelassen.

Stevia wächst als Staude im Gebiet der Amambai-Bergkette im paraguayisch-brasilianischen Grenzgebiet. Den Ureinwohnern ist diese süßende Wirkung seit Jahrhunderten bekannt.

Im Jahr 1887 entdeckte ein schweizer Botaniker „Moises Giacomo Bertoni" diese Pflanze und gab ihr 1905 den Namen „Steviarebaudiana Bertoni.

Im Zweiten-Weltkrieg wurde Stevia in Europa unter der Leitung „Royal Botanical Gardens in Kew" angebaut und 1952 bestimmte das „US-Amerikanische National Institute of Arthritis and Metabolic Diseases" die Hauptbestandteile dieser Pflanze.

1954 begann in Japan der Anbau (Im Jahr 1981 wurden 2000 Tonnen verbraucht) und seit Anfang 1970 wird die Pflanze auch in China produziert.

Die Lebensmittelchemiker werden wohl noch eine Menge Schokolade, Marmelade und Frühstücksflocken probieren müssen, bevor Stevia wirklich in aller Munde ist. Bedenken, dass Stevia krebserregend und erbgutschädigend sei, hat die Europäische Behörde für Lebensmittelsicherheit „EFSA" 2010 in einem Gutachten ausgeräumt.

In der Werbung heißt es, dass „Stevia" blutzucker- und blutdrucksenkend, gefäßerweiternd, Zahnbelag hemmend und antimikrobiell sei, diese Wirkungen sind jedoch wissenschaftlich umstritten. Steviolglycoside werden durch chemische Verfahren gewonnen, die mit „Natürlichkeit" wenig zu tun haben und dürfen daher nicht als „natürliche Süßstoffe" bezeichnet werden.

Wie alle anderen Süßstoffe, zählen sie zu den Zusatzstoffen und müssen in der Zutatenliste als „Süßstoff Steviolglycoside" oder „Süßstoff E 960" gekennzeichnet werden.

Sicher ist auf jeden Fall, dass Stevia eine schöne Balkonpflanze ist und dass man mit den süßen, frischen Blättern den Tee und Nachtisch süßen kann.

Buchtipps

Autoren: Sabine Beuke & Jutta Schütz
Verlag: Books on Demand

ISBN-10: 3842383177, 13: 978-3842383173   ISBN-10: 3738636773, 13: 978-3738636772

LOW CARB Bücher: Die Autorinnen "Beuke und Schütz" vermitteln Motivation pur und räumen mit alten Vorurteilen auf. Anhand von vielen wissenschaftlichen Berichten von Ernährungsforschern nehmen sie die Angst vor einer kohlenhydratarmen Ernährung. Wichtige Informationen, die man über die Ernährung und Verdauung sonst nirgends lernt – in ihren Büchern kommen sie äußerst anschaulich und gut verdaulich auf den Tisch.

Wer Ratgeber oder Sachbücher schreibt, sollte das Wissen so aufbereiten, dass es auch Laien verstehen können. Die Autorinnen haben die Voraussetzung, Fachwissen kompakt zusammen zu fügen und dieses verständlich zu erklären. Dabei ist es wichtig, das Wissen eines Laien im Auge zu behalten. Beide Bestseller-Autorinnen haben schon mehrere Ratgeber geschrieben und der Erfolg gibt ihnen Recht. Wer sich einem bestimmten Thema widmet, muss stets ein Stück weit über den Tellerrand hinausschauen.

Histaminarmes LOW CARB
(kohlenhydratarm)
Theorie und Praxis
Autorin: Jutta Schütz
Verlag: Books on Demand
ISBN-10: 3738637451
ISBN-13: 978-3738637458

Die Histaminintoleranz ist eine erworbene oder
angeborene nicht immunologische Stoff-
wechselstörung.
Auch Zusatzstoffe in Lebensmitteln spielen eine
große Rolle bei Histaminintoleranz.
So können einige Zusatzstoffe eine erhöhte
Histaminfreisetzung im Körper bewirken.

Low Carb
Für Berufstätige,
für unterwegs oder
für ein Picknick
Autorin: Jutta Schütz
Verlag: Books on Demand
1. Auflage: (10. Mai 2013)
ISBN-10: 3732243281
ISBN-13: 978-3732243280

42 Rezepte zeigen, dass man eine gesunde Ernährung im Beruf, Familie und Freizeit doch sehr gut unter einen Hut bringen kann. Ernährungsbewusste Arbeitnehmer kennen keine Leistungstiefs, sie halten sich fit mit der Low Carb Ernährung.
Selbst kochen und Zeit sparen erfordert eine gute Planung. Die dreifache Menge an einem Tag gekocht, ergibt eine Mahlzeit für den nächsten Abend, für die Arbeit und zum Einfrieren. Selbst kochen muss nicht kompliziert sein. Mit den richtigen Rezepten macht das Kochen Spaß und in diesem Koch/Back-Buch kommen auch Vegetarier nicht zu kurz. Eine Kohlenhydratarme Ernährung bedeutet nicht auf Kohlenhydrate völlig zu verzichten. Diese Ernährung steht für eine verminderte Aufnahme von Kohlenhydraten. Die Befürchtung bei der Ernährungsumstellung eine Mangelerscheinung zu bekommen, kann widerlegt werden.

Nach dem dauerhaften Bestseller folgten noch Teil 2 und Teil 3 (siehe nächste Seite).

noch Teil 2 und Teil 3 (siehe nächste Seite).

BESTSELLER

Verlag: Books on Demand
www.bod.de/shop.html
06.02.2017 - 14.00 Uhr

BELLETRISTIK	KINDERBUCH	SACHBUCH	LYRIK	EROTIK

PLATZ 1
∧ 2

LOW CARB
Schütz, Jutta

€ 3,90
inkl. MwSt. zzgl. Versand

42 Rezepte zeigen, dass man eine gesunde Ernährung im Beruf, Familie und Freizeit doch sehr gut unter einen Hut bringen kann.

Jutta Schütz (Autorin und Journalistin) ist seit der Veröffentlichung (10.05.2013) ihres Low Carb Buches "Low Carb für Berufstätige" am 06.02.2017 wieder auf Platz 1 unter allen Sachbüchern bei BoD.

Quelle: http://www.company-news.de/einzelansicht/bestseller_low_carb_fuer_ber ufstaetige/

Teil 2   Teil 3

Autorin: Jutta Schütz
Verlag: Books on Demand

Für den Reizdarm die richtigen Rezepte

www.sabinebeuke.de
Verlag: Books on Demand

Sabine Beuke kreiert ihre Rezepte alle frei von Hülsenfrüchten, wie Bohnen, Linsen und Kichererbsen. Die Kochanleitungen sind nach dem Low Carb Prinzip "kohlenhydratarme Ernährung" entstanden und mit raffinierten Zutaten gezaubert.